AF348251

Quelques Lettres

D'UN INGÉNIEUR

SUR LA QUESTION DU SALAIRE

L'influence du consommateur dans la question de la fixa
tion du salaire est à peine soupçonnée. Ayant eu à discuter
cette thèse avec un de mes amis, fort actionnaire dans une
importante usine, les lettres écrites à cette occasion m'on
semblé pouvoir être utiles à d'autres, au moins à titre de
renseignement. Je n'hésite donc pas à les publier, heureux
si je pouvais ainsi attirer de nouvelles sympathies à cette
classe ouvrière avec laquelle il faut vivre pour la connaitre
et l'aimer.

Forges de ···, 6 mai 1894.

Un ingénieur E. C. P.

QUELQUES LETTRES

D'UN INGÉNIEUR

SUR LA QUESTION DU SALAIRE

2 juillet 1893

Comme vous êtes sévère pour le pauvre industriel, mon cher ami ! Sans doute, par ses exigences et sa cupidité, il est souvent l'une des causes principales du problème social, de là les justes reproches de Léon XIII dans l'encyclique *rerum novarum*. Mais est-il bien la seule cause du mal ? lui converti, tout marchera-t il parfaitement dans le monde du travail ? J'ai peine à le croire, et vous avez là-dessus de singulières illusions, permettez-moi de vous le dire.

Puisque vous m'avez attaqué laissez-moi à mon tour vous poser deux questions : à un autre elles pourraient paraître indiscrètes, mais en viel et fidèle ami vous me pardonnerez cette liberté.

N'êtes-vous pas un des forts actionnaires des usines de Z⁰⁰⁰ ?

Ces jours derniers, ayant eu besoin de fers, vous les avez achetés à M. X⁰⁰⁰ et non à M. Y⁰⁰⁰, pourquoi cette préférence ?

Ne vous arrêtez pas à la singularité de mes demandes, mais répondez-moi sans arrière-pensée ; nous discuterons ensuite la chose plus à fond et surtout plus utilement.

15 août 1893.

Ma dernière lettre pique votre curiosité et vous vous demandez où je peux bien vouloir en venir ; chassez, s'il vous plaît, cette préoccupation et discutons vos réponses.

Ainsi donc vous êtes un des plus forts actionnaires de Z⁰⁰⁰, je vous en félicite sincèrement, le dividende de l'exercice 1892 est notablement supérieur à celui de 1891, la différence doit constituer pour vous un joli bénéfice.

Mais, à la dernière assemblée générale, lequel d'entre-vous s'est informé du salaire des ouvriers et de sa valeur par rapport aux conditions de la vie à Z'** ? Aucun, n'est-il pas vrai ; y avez-vous seulement songé vous-même ? c'est peu probable. Au fond lorsque vous avez nommé des administrateurs consciencieux pour représenter vos intérêts, vous estimez avoir assez fait ; aux ingénieurs à régler tout le reste, vous n'avez pas à intervenir.

Etes-vous bien sûr que vous n'intervenez pas dans cette question du salaire ? Sans doute vous n'avez pas de rapports avec la direction technique, souvent même, les administrateurs, vos mandataires, font un peu comme vous, ils n'entrent pas dans le détail et se bornent à nous demander de faire de bonnes affaires pour vous distribuer de forts dividendes en fin d'exercice : quoi de plus naturel en apparence ?

Mais faire de bonnes affaires c'est produire à bon marché et vendre cher, et comme l'état actuel de l'industrie s'oppose au relèvement des cours, c'est produire à aussi bas prix que possible ; de là, la nécessité de réduire le prix d'achat des matières premières, les frais divers, de forcer la production au détriment de la santé de nos ouvriers, de chercher sans cesse à remplacer l'homme par la machine, et en dernière analyse, de réduire le salaire de nos ouvriers, toutes choses indispensables pour vous assurer de beaux dividendes et que vous nous reprochez fort cependant dans votre lettre ; mais je n'insiste pas.

Examinons maintenant votre dernière réponse : « M. Y*** vend ses produits plus chers que M. X***, j'ai donc été chez ce dernier ; ne trouvez-vous pas la raison suffisante ? » Mais nullement, mon cher ami, cette recherche du meilleur marché quand même et toujours est grosse de conséquences et vous paraissez la traiter trop lestement.

X*** est un négociant fort habile (peut-être même un peu trop), une réclame savante et le bon marché de ses articles attirent à lui un grand nombre d'acheteurs, il devient ainsi un redoutable client pour les forges auxquelles il offre, il est vrai, de nombreuses commandes mais à des conditions onéreuses pour elles. Il faut, pour le servir sans perte, réduire encore nos prix de revient, et par suite le salaire de nos ouvriers.

X*** c'est vous en somme, vous l'avez choisi de préférence à tout autre à cause du bon marché de ses fers, c'est donc vous qui provoquez (inconsciemment, je veux bien l'admettre) l'abaissement du salaire de nos ouvriers.

Actionnaire, vous nous réclamez de forts dividendes.

Acheteur, vous nous imposez des prix de vente dérisoires : étonnnez-vous après cela, si pris ainsi entre deux feux, il nous est à peu près impossible d'obéir aux conseils du Saint-Père.

Vous le voyez, mon ami, la conversion de l'industriel n'amène pas encore la solution de la question du salaire, car tous les producteurs ne se convertissant pas à la fois, vous irez certainement chez ceux qui vous offriront les meilleures conditions tout en abusant de leurs ouvriers.

L'acheteur responsable en partie du malaise social, cette idée vous choquera sans doute, laissez-moi donc y revenir encore, la chose en vaut la peine, croyez-moi.

Nous avons parlé des fers, prenons les comme exemple.

Pour les obtenir et vous les livrer, nous dépensons une certaine somme, je la diviserai en deux parties.

1° Les frais d'achat des matières premières (minerai, charbon, etc.), les frais d'entretien de l'outillage et des bâtiments, les frais divers, le transport par voie ferrée, le camionnage, l'emmagasinage, etc... cette partie est à peu près irréductible (Je suppose d'ailleurs la forge au niveau des progrès actuels de l'industrie) ;

2° Le salaire de nos ouvriers. D'après vous et en cela nous sommes parfaitement d'accord, ce salaire doit être conforme aux règles tracées par le Saint-Père.

Cette somme représente de l'argent sorti de notre caisse, il faut l'y faire rentrer. Ce n'est pas tout, nous avons besoin d'un certain bénéfice, je vous l'admets d'ailleurs très réduit, mais encore doit-il exister.

La somme des dépenses faites et de ce bénéfice représente le prix de vente minimum.

Si par votre recherche du meilleur marché, vous obtenez d'un concurrent malheureux, un prix inférieur à celui-là, ce prix vous arrivez à nous l'imposer et nous sommes forcés de réduire nos ouvriers.

A cela vous me répondrez, vous êtes libre de ne pas céder vos fers au dessous du prix que vous jugez minimum

Vous en parlez bien à votre aise, mon cher ami. Ne pas vendre pour un maître de forges, c'est fermer son usine et perdre ainsi ses capitaux et ceux de ses associés (un matériel industriel se vend à vil prix quand il se vend), nous sommes donc forcés de subir vos conditions et de travailler sans bénéfice et même à perte pour éviter un plus grand mal

Méditez un peu là dessus avant de me répondre. Je ne vous demande pas d'admettre les yeux fermés ma théorie sur la responsabilité du consommateur ; réfléchissez, faites un retour sur vous même, au besoin faites une enquête, vous en avez le temps et les moyens, vous vous déciderez ensuite.

8 septembre 1893.

Voilà bien dans votre lettre l'argument chaque jour répété autour de nous : L'acheteur trompé partout aujourd'hui, est forcé de devenir instable, de courir au meilleur marché, etc.

Mais, mon cher ami, cet état de choses n'a cependant pas toujours existé et nous avons connu tous deux nombre d'anciennes maisons où l'on pouvait acheter en toute confiance, pourquoi ces anciennes maisons ont-elles disparu au moins en général ? Vous allez me dire avec beaucoup de bons esprits : la liberté du commerce a permis au premier venu de s'établir, et ce premier venu pouvant être inhabile ou malhonnête, la camelotte et les malfaçons ont envahi le marché. Le juif a d'ailleurs joué un rôle important dans cette désorganisation sociale en introduisant partout la spéculation.

Fort bien, mais si vous étiez resté fidèle à ces anciennes maisons, les spéculateurs circoncis ou non en auraient été pour leurs frais de réclame. et la liberté du commerce serait restée un vain mot. La responsabilité repose donc en grande partie sur le consommateur de cette époque.

Au fond vous avez une objection plus sérieuse à me faire, la voici : nos pères ont eu des torts, je vous l'accorde, mais pouvez-vous aujourd'hui me demander de payer 20 francs chez un fournisseur honnête, l'objet que son concurrent juif m'offre à 15 francs.

Voilà nettement établi le point difficile de votre objection, discutons-le sérieusement.

Tout d'abord l'objet dont il s'agit vous est-il utile ou inutile ? J'appelle utile un objet nécessaire pour la vie, ou pour mener le rang social *réel*. C'est le sens du passage suivant de l'encyclique :

« Nul en effet ne doit vivre contrairement aux convenances, mais dès qu'on a suffisamment donné à la nécessité et au décorum, c'est un devoir de verser le superflu dans le sein des pauvres. »

Si cet objet vous est inutile, ne l'achetez pas, supprimez de votre budget les dépenses de ce genre et constituez ainsi le budget de la charité : après quoi vous pourrez assister les pauvres de toute espèce, ceux que le malheur, un accident, le grand âge ont réduit à la mendicité et aussi les ouvriers dont le salaire est trop faible par rapport aux conditions de la vie.

Aux premiers l'aumône sous forme d'aliments.

Aux seconds l'aumône sous forme de subvention destinée à rendre leur salaire plus conforme aux règles de l'Encyclique.

L'objet dont nous parlons vous est-il utile ? Je vais vous indiquer un excellent moyen de faire l'aumône à l'ouvrier, *aumône obligatoire ne l'oubliez pas.* Vous prendrez sur le budget de la charité ainsi constitué une somme souvent fort réduite, vous l'ajouterez au prix demandé par le concurrent juif et vous irez chez le fournisseur honnête, intelligent (cette qualité est indispensable) et qui veut garder la justice vis-à-vis de ses ouvriers, vous lui permettrez ainsi de leur conserver un salaire suffisant et vous ne grèverez pas d'un centime votre budget ordinaire.

Au reste, mon cher ami, ce n'est pas à vous seul que je m'adresse, mais bien à tous, depuis le grand seigneur jusqu'au simple ouvrier, ce dernier lui-même, s'il supprimait les dépenses inutiles, le cabaret, par exemple, pourrait donner un prix plus élevé pour les objets de première nécessité. En allant sans cesse au meilleur marché, il contribue à faire baisser le salaire des autres ouvriers et le sien propre, mais il ne le voit pas : je le tiendrai donc pour moins coupable. Ce cabaret inutile ou mieux nuisible à sa santé lui sert parfois à oublier des soucis très réels et une vie de misère que personne ne songe à améliorer, il a tort, c'est certain ; mais que de circonstances atténuantes.

Pour vous, chrétien convaincu, cet argument aura une réelle valeur. En voici un autre plus terre à terre, mais qui ne laisse pas d'avoir une certaine importance.

Cet objet vendu 20 francs chez l'un, offert à 15 francs par l'autre est-il identique chez les deux fournisseurs ? s'il y a une différence en faveur du prix le plus élevé, et cela arrive à peu près toujours, votre objection tombe.

Laissez-moi vous citer à l'appui de ma thèse un fait qui s'est passé et se passe encore à..... mais peu importe le nom.

Manière absolument désintéressée de vendre certaines chaînes d'or par un industriel, mon homme place la chaîne dans l'un des plateaux de sa balance et des pièces de 10 et 20 francs dans l'autre, le prix est indiqué par une simple pesée, c'est ce qu'on pourrait appeler du désintéressement en faveur de sa clientèle : attendez cependant avant de conclure le marché.

La chaîne se termine par une barette et un médaillon : la barette est en fer recouvert d'une mince feuille d'or, il y a 15 grammes de fer environ ; le médaillon contient un morceau de cristal servant à séparer les photographies, encore 13 grammes, 15 et 13 font 28 grammes, comptés dans la pesée à 3 francs le gramme comme l'or, cela fait 84 francs ; admettons 4 francs pour la barette et le cristal, il reste 80 fr.

pour payer la façon de la chaîne et du médaillon et *réaliser encore un joli bénéfice.* Il aurait mieux valu payer plus cher la chaîne et payer leur valeur réelle la barette de fer et le morceau de cristal. c'est au moins mon avis et c'est probablement le vôtre aussi.

Il reste à examiner le cas où l'objet est identique chez les deux fournisseurs. Devez-vous malgré tout et sans plus amples informations profiter de cette réduction de prix ? Je le trouve peu prudent, rappelez vous le *timeo danaos et dona ferentes* de Virgile : ce fournisseur a un but, poursuit un intérêt en agissant ainsi, ce but, croyez-en mon expérience, est de ruiner son concurrent honnête. Cela fait, de deux choses l'une, ou il relèvera les cours s'il le peut, (cela s'est vu, rappelez-vous l'accaparement des cuivres), ou il vous vendra de la camelotte. En termes vulgaires, mon cher ami, vous vous laissez rouler par plus fort que vous.

Pour résoudre la question des salaires, il faudra donc payer plus cher ce que nous achetons ?

Ce n'est pas là mon but.

Je crois pouvoir obtenir ce même résultat sans majorer les prix actuels, les prix moyens bien entendu, et non les prix de réclame.

Mais à plus tard l'exposition de mes idées sur ce sujet, il me reste d'ailleurs un autre argument à vous donner.

24 octobre 1893.

Je vous disais dans ma dernière lettre : au point de vue chrétien il ne vous est pas possible de vous désintéresser de la question du salaire, j'ajoutais ce sera un acte de prudence de votre part ; je vous dis aujourd'hui, il y va de votre intérêt.

Cette dernière assertion amènera sans doute un sourire sur vos lèvres, vous, l'un des plus forts actionnaires de Z***, vous, grand propriétaire, lié au salaire du premier manœuvre venu de nos usines ! le paradoxe est fort ! c'est cependant la vérité, mon cher ami.

A Z*** la direction technique donne son travail, intellectuel, l'ouvrier la force de ses bras, vous vos capitaux, *le tout réuni* permet de fabriquer des objets, qui, vendus, serviront à payer aux ingénieurs leurs appointements, à l'ouvrier son salaire, à vous vos dividendes.

L'élévation ou l'abaissement des cours fera varier proportionnellement, nos primes, le salaire de nos ouvriers et vos bénéfices ; vous voilà donc lié en quelque sorte aux variations du salaire des ouvriers de Z***.

Et dans vos propriétés maintenant ! là vous produisez presque directement des blés, des vins, etc.

Examinez votre cas : votre bien être, votre vie même dépendent en réalité de la vente des produits de Z*** et aussi de la vente de vos blés et de vos vins. vous êtes une sorte de commerçant : de son côté, l'ouvrier avec son salaire achète certains produits de Z***, du pain qui provient de vos blés, peut-être même vos vins mais ceci est moins sûr, c'est un client pour vous. Que cet ouvrier, le plus simple soit-il voie réduire outre mesure son salaire. de deux choses l'une, où il ne vous achètera plus rien. où il ne paiera pas ses achats. Le résultat sera le même pour vous.

Que ce titre de vendeur ne vous froisse pas. mon cher ami, examinez une à une les diverses situations sociales et partout vous rencontrerez ce double caractère de vendeur et d'acheteur; *on est acheteur parce qu'on a été vendeur*, c'est là une loi sociale, les spéculateurs nous la font perdre de vue, mais elle n'en existe pas moins.

Nul ne peut se désintéresser des autres sous peine de se voir appliquer la loi du talion. Dans la société il n'existe pas deux classes distinctes, les producteurs d'un coté, les consommateurs de l'autre, mais chacun de nous est à la fois *producteur* et *consommateur*, nous avons donc deux intérêts opposés : la sagesse consiste non à développer outre mesure l'un d'eux au détriment de l'autre. mais à les combiner dans de justes proportions.

15 novembre 1893.

Je n'ai point de panacée à vous offrir. mon cher ami. mais depuis longtemps mêlé au mouvement industriel, j'ai étudié, tatonné, essayé divers systèmes et me suis ainsi formé certaines idées que je suis loin de déclarer infaillibles cependant

Avant de vous les exposer. laissez moi constater l'existence de deux mouvements sociaux dont il faut tenir compte. je veux parler des coopératives et des syndicats de producteurs. opposés comme but, ils constituent malgré tout deux manifestations d'un même principe. l'esprit d'association qui renait en France après un siècle d'individualisme.

Les coopératives groupent les acheteurs. elles abaissent pour leurs adhérents le prix des objets de première nécessité, et leur offrent un réel avantage : mais elles ruinent le commerce local, pratiquent ce fatal système d'adjudication, et concourent avec les grands magasins à peser sur les cours pour les faire s'abaisser sans cesse : les salaires ainsi diminués, la difficulté n'est pas résolue elle est simplement déplacée.

D'un autre coté, les producteurs industriels ou agricoles se syndiquent entre eux pour obtenir le relèvement des

cours. Si ce mouvement réussissait, l'acheteur devrait passer
par les fourches caudines du producteur, et ce dernier pense
surtout à augmenter ses revenus, beaucoup moins à majorer
le salaire de ses ouvriers.

Dans ces deux mouvements tels qu'on les comprend aujourd'hui, je vois une seule préoccupation : rejeter sur autrui
le fardeau qui pèse sur nos épaules.

Ne serait-il pas possible d'associer ces deux mouvements
en les modifiant un peu.

Tout d'abord, on peut, il me semble, poser ces deux principes.

1° Le problème du salaire sera résolu seulement par les
efforts combinés de *toutes* les classes de la société. La chose
me paraît assez claire. Vous avez admis avec moi que l'industriel seul ne peut rien, je suis prêt à admettre avec vous que
seul l'acheteur ne peut pas davantage.

2° Ce problème sera résolu par les honnêtes gens et au
profit de ces seuls honnêtes gens.

Les autres me préoccupent peu je l'avoue. Non repentants ils ressortent de la sollicitude des tribunaux ; — repentants pour nous catholiques, ils passent dans la catégorie
des honnêtes ; — repentants mais trop vieux pour changer,
ils rentrent dans le domaine de la charité.

Pour les industriels et commerçants dépourvus de savoir
professionnel, je ne vois pas moyen de les comprendre dans
une solution économique, l'honnêteté seule ne peut suffire.
Ces principes admis, examinons un peu la situation actuelle
d'un commerçant. Sa clientèle peut se diviser en trois :

1° Celle qui paie comptant.

2° Celle qui paie à long terme.

3° Celle qui ne paie pas.

Du fait de la seconde, il éprouve une perte correspondante
à l'intérêt de l'argent prêté. Le paiement à terme constitue
en effet une véritable avance d'argent à l'acheteur, et ce dernier *blesse complètement la justice en ne payant pas l'intérêt de cet argent* : la chose est peu admise, je le sais, mai-
elle est cependant *mathématiquement* vraie.

Du fait de la dernière il éprouve une perte égale à la valeur des objets vendus.

Ajoutez à cela la réclame, les invendus, etc. et vous arri-
verez à une somme importante, perte réelle pour le commerçant. Cet argent perdu, il faut le retrouver, le prix de vente
au comptant sera donc majoré et les bons clients paieront
pour les mauvais comme toujours.

Qu'arriverait-il, si nous pouvions (par un moyen à déter-
miner plus tard) remplacer chez ce commerçant la mauvaise

clientèle par une bonne payant au jour le jour ? La perte dont je parlais tout à l'heure se changerait en bénéfice dont on pourrait faire trois parts.

La première servirait à améliorer le sort du commerçant.

La deuxième lui permettrait d'augmenter ses ouvriers.

La troisième enfin serait donnée à ses clients sous forme d'un rabais sur les prix de vente.

Le problème primitif se transforme donc en se simplifiant, et se pose ainsi :

Peut-on remplacer chez certains fournisseurs choisis pour *leur honnêteté* et *leur savoir professionnel* la clientèle instable et mauvaise par une clientèle stable et payant au jour le jour ?

Pour mieux étudier la question, prenons un exemple, le pain, si vous le voulez.

Si nous formons une coopérative ordinaire, il faut d'abord faire un appel de fonds, puis viennent l'achat ou la location d'immeubles, l'installation des fours, le choix d'ouvriers habiles, les marchés de farine, etc., d'ailleurs le paiement du pain pris par chaque sociétaire étant garanti par une action est soldé en fin de mois.

Au lieu de cela, créons encore une coopérative, mais ne fabriquons pas nous-même, choisissons après enquête deux ou trois boulangeries sérieuses (suivant le nombre des adhérents) et stipulons que le bénéfice résultant de cette nouvelle et bonne clientèle sera à partager entre le boulanger, ses ouvriers et nous. N'ayant pas versé de garantie, le paiement sera au jour le jour, ainsi que cela se pratique dans beaucoup de sociétés de consommation.

D'un seul coup nous supprimons toutes les difficultés inhérentes à une coopérative, nous favorisons le commerce local, et faisons augmenter le salaire des ouvriers employés, il nous reste encore un léger bénéfice. Une telle coopérative est possible puisque les autres existent et prospèrent.

Ce système aurait, en outre, l'avantage de stimuler l'intelligence et l'activité des fournisseurs choisis, assurés du lendemain (s'ils restent consciencieux) ceux-ci pourraient améliorer leurs produits, leur fabrication, et de nouveau nous verrions reparaître ces maisons de confiance qui ont fait notre force jadis.

Il n'a pas été question de l'ouvrier de la grande industrie dans ce qui précède, arrivons à lui. Ici encore nous pouvons utiliser cette idée de syndicats de producteurs, mais pratiquement cette fois. Les ligues actuelles de commerçants ont certainement du bon, mais n'entraînant pas avec elles les consommateurs, elles sont forcément stériles.

Groupons ces fournisseurs choisis ; assurés par notre système de l'écoulement et du paiement immédiat de leurs produits, ceux-ci peuvent par leur réunion, jouer auprès des usines *honnêtes et sérieuses* le même rôle que la réunion des simples consommateurs a joué auprès d'eux. Intermédiaires inutiles et coûteux, réclame, frais divers nécessités par l'état actuel de l'industrie, tout cela disparaît pour faire place à un bénéfice considérable. Ce bénéfice, l'industriel pourra et devra en faire trois parts.

La première pour lui.

La deuxième pour ses ouvriers, augmentation de salaire.

La dernière pour ses clients, sous forme de réduction sur le prix de vente.

Si, appliqué au commerce, ce système permet de reconstituer les anciennes maisons de confiance, adapté à l'industrie, il permettrait de refaire la vieille réputation des usines françaises, nos marques primeraient les autres et de nouveau les nations étrangères reprendraient le chemin de notre marché.

En résumé, en utilisant ces idées d'associations de producteurs et de consommateurs et en les unissant entre elles on peut arriver à améliorer le sort de l'ouvrier honnête tout en réalisant encore un certain bénéfice.

25 décembre 1893.

Merci de votre lettre et surtout de l'affectueuse franchise avec laquelle vous m'exposez vos objections, examinons-les et discutons-les une à une si vous le voulez bien.

1° Comment trouver ces commerçants honnêtes, ces usines consciencieuses ?

Mais en les cherchant, mon cher ami, rappelez-vous ce premier principe admis par vous : le problème du salaire sera résolu par *les efforts combinés de toutes* les classes de la société. Là où vous trouverez seulement des boulangeries honnêtes et sérieuses, commencez par le pain ; là, où vous rencontrerez plusieurs corps d'état satisfaisant aux conditions voulues, prenez-les successivement.

2° Mais le moyen de réunir des acheteurs honnêtes autour des fournisseurs trouvés ?

Il y a là une grosse difficulté, j'en conviens, cependant vous proposez un acte de justice, un acte de charité *obligatoire*, et un bénéfice, en outre les acheteurs ont, à agir ainsi, un puissant intérêt, nous l'avons vu. Dans ces conditions, il me paraît possible de réussir aussi bien que les coopératives.

3° Votre système conduit à la disparition d'un certain nombre d'industriels et de commerçants.

Je vous l'accorde ; mais est-ce bien le résultat de mon système, je ne le pense pas, c'est plutôt le fait d'une nécessité sociale. Si dans une ville où il faut vingt boulangeries pour alimenter la population vous en comptez quarante, fatalement au bout d'un temps plus ou moins long un tassement s'opérera et il y aura des ruines nombreuses, les inutiles doivent disparaître, la logique sociale le veut ainsi.

4° Votre groupement d'acheteurs entraîne, il est vrai, une augmentation des salaires, mais vous vous adressez à une classe relativement riche et par suite excluez de ce mouvement fort avantageux les ouvriers sans avance.

Vous vous écartez de la question du salaire, mon cher ami, et cependant je vous suivrai sur ce terrain, j'ai passé moi-même deux ou trois ans à me poser ce problème.

Écartons d'abord de ce mouvement les malheureux. Pour entrer dans un mouvement économique il faut pouvoir travailler et gagner sa vie, vous l'admettrez avec moi : ceux qui ne le peuvent ressortent de la charité toujours féconde.

Restent les ouvriers, mais parmi ceux-ci beaucoup peuvent payer comptant, ils entrent sans difficulté parmi nous s'ils le veulent. D'ailleurs les coopératives fort nombreuses en France se recrutent en général dans la classe ouvrière : et toutes ces associations demandent, ou le dépôt d'une somme d'argent sous forme d'action de garantie, ou le paiement au jour le jour.

Pour les ouvriers sans avances, un procédé très simple permet de les faire participer au bénéfice du paiement au comptant.

Un chef de famille, ouvrier d'état et gagnant sa vie est reconnu après enquête parfaitement honnête, mais sans avances. Vingt, trente consommateurs chrétiens (ceux-là seuls nous aideront) se portent garants pour un mois des acquisitions indispensables de cette famille chez les fournisseurs choisis. À la fin du mois l'ouvrier touche sa solde et paie le prix fort pour ses achats, les fournisseurs conservent comme deuxième garantie la différence entre le prix fort et le prix réduit. Dans ces conditions la garantie est continuée à l'ouvrier de mois en mois, atténuée chaque fois des rabais conservés par les fournisseurs. Il arrive un moment où la somme de ces rabais est égale à la somme des achats d'un mois, dès ce moment l'ouvrier a son mois d'avance et peut devenir des nôtres.

Si un accident arrive, les vingt ou trente consommateurs en sont pour une aumône de 2 à 5 francs qui ne les ruinera pas.

Vous connaissez maintenant mes idées ou mieux mes tentatives.

Ce système économique est-il parfait? Loin de là Peut-il faire du bien? Je l'espère sans l'affirmer cependant. D'ailleurs le champ est libre, cherchez vous aussi, mais restez fidèle à ces deux idées si peu admises aujourd'hui.

Tout homme est à la fois consommateur et producteur, par suite chacun de nous a un intérêt majeur à la solution de la question du salaire.